escola - Schuel	2
viagem - Reis	5
transporte - Transport	8
cidade - Stadt	10
paisagem - Landschaft	14
restaurante - Restaurant	17
supermercado - Läbensmittellade	20
bebidas - Getränk	22
comida - Läbensmittel	23
fazenda - Buurehof	27
casa - Huus	31
sala de estar - Stubä	33
cozinha - Chuchi	35
banheiro - Badzimmer	38
quarto de criança - Chinderzimmer	42
vestuário - Chleidig	44
escritório - Büro	49
economia - Wirtschaft	51
profissões - Brüef	53
ferramentas - Werkzüüg	56
instrumentos musicais - Musiginstrumänt	57
zoológico - Zolli	59
esportes - Sport	62
atividades - Aktivitäte	63
família - Familiä	67
corpo - Körpär	68
hospital - Spital	72
emergência - Notfall	76
Terra - Ärde	77
relógio - Uhr	79
semana - Wuche	80
ano - Johr	81
formas - Forme	83
cores - Farbä	84
opostos - Gägeteil	85
números - Zahlä	88
idiomas - Sprache	90
quem / o quê / como - wär / was / wie	91
onde - wo	92

Impressum
Verlag: BABADADA GmbH, Nedderfeld 112 , 22529 Hamburg
Geschäftsführer / Verlagsleitung: Harald Hof
Druck: Books on Demand GmbH, In de Tarpen 42, 22848 Norderstedt

Imprint
Publisher: BABADADA GmbH, Nedderfeld 112 , 22529 Hamburg, Germany
Managing Director / Publishing direction: Harald Hof
Print: Books on Demand GmbH, In de Tarpen 42, 22848 Norderstedt, Germany

escola
Schuel

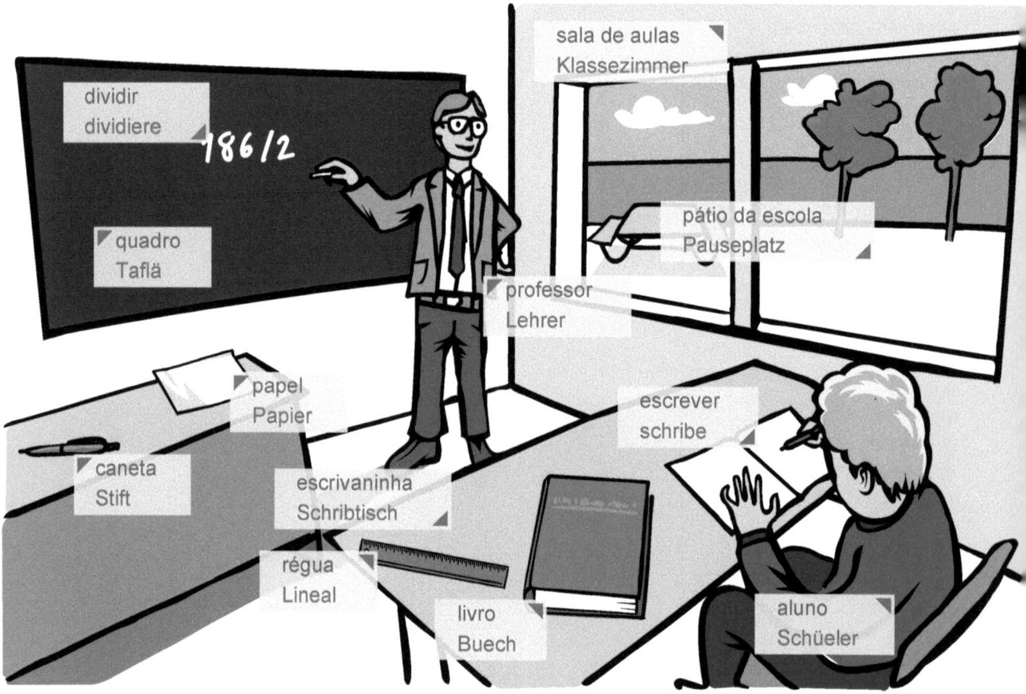
sala de aulas
Klassezimmer
dividir
dividiere
186/2
quadro
Taflä
pátio da escola
Pauseplatz
professor
Lehrer
papel
Papier
escrever
schribe
caneta
Stift
escrivaninha
Schribtisch
régua
Lineal
livro
Buech
aluno
Schüeler

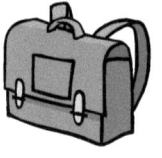

sacola
Thek

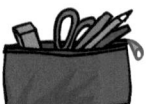

estojo de lápis
Etui

lápis
Bleistift

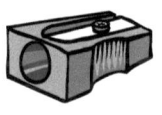

apontador de lápis
Spitzer

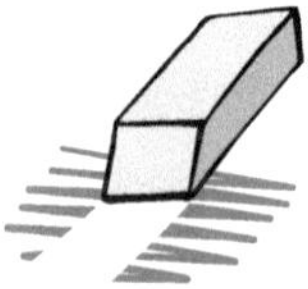

borracha
Radiergummi

bloco de desenho
Zeicheblock

desenho

Zeichnig

pincel

Pinsel

estojo de tintas

Malchaschte

tesoura

Schär

cola

Liim

livro de exercícios

Üebigsheft

lição de casa

Huusufgabe

número

Zahl

somar

addiere

subtrair

subtrahiere

multiplicar

multipliziere

calcular

rächne

letra

Buechstabe

alfabeto

Alphabet

palavra

Wort

texto

Text

ler

läse

giz

Kriide

hora

Lektion

registro da classe

Klassäbuech

exame

Prüefig

certificado

Zügnis

uniforme escolar

Schueluniform

educação

Usbildig

enciclopédia

Enzyklopädie

universidade

Universität

microscópio

Mikroskop

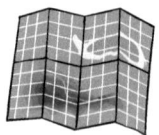

mapa

Charte

cesto de lixo

Papierchorb

viagem

Reis

hotel
Hotel
Grand
albergue
Härbärg
ROOMS
casa de câmbio
Wächselstube
mala
Koffer
carro
Auto

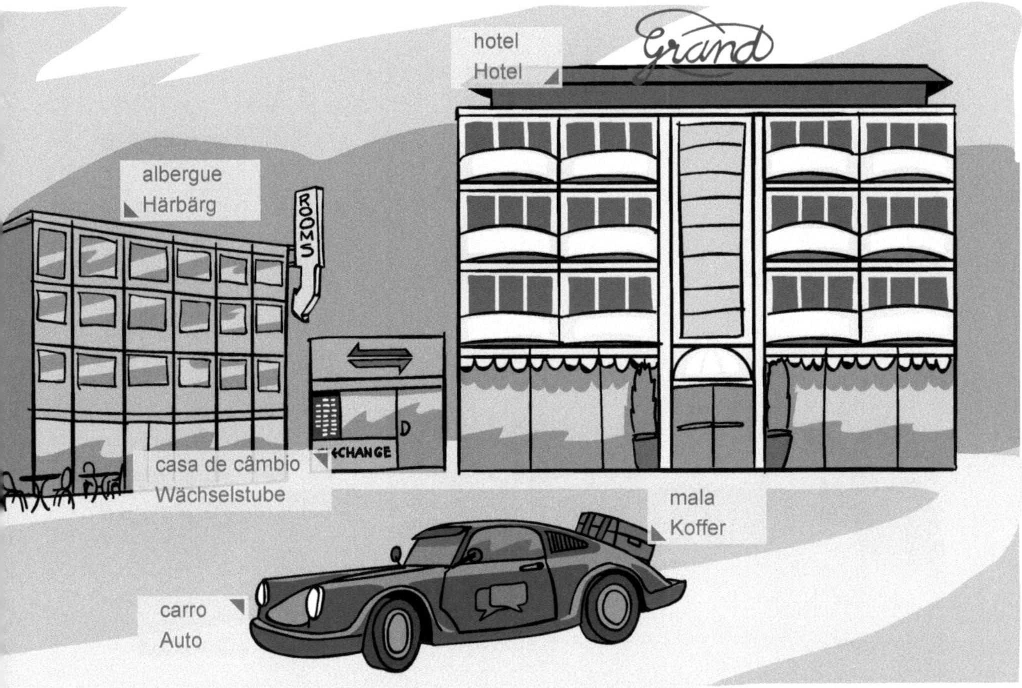

idioma

Sprach

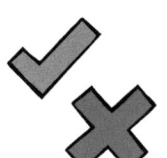

sim / não

jo / nei

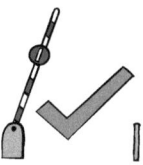

ok

okay

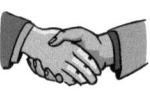

Olá

Hallo

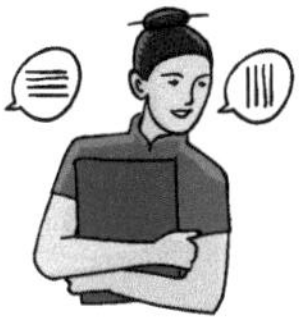

tradutor

Dolmetscher

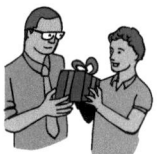

obrigado

Dankä

quanto custa...?

Was chostet...?

eu não entendo

Ich vrstahs nöd

problema

Problem

boa noite!

Guete Abig!

Bom dia!

guete Morgä!

Boa noite!

guete Abig!

até logo

Uf Wiederseh

direção

Richtig

bagagem

Bagaasch

bolsa

Täsche

mochila

Rucksack

convidado

Gast

quarto

Ruum

saco de dormir

Schlafsack

barraca

Zält

informação turística

Touristeninformation

praia

Strand

cartão de crédito

Kreditkarte

café da manhã

Zmorge

almoço

Zmittag

jantar

Znacht

bilhete

Billet

elevador

Ufzug

selo

Briefmarke

fronteira

Gränze

alfândega

Zoll

embaixada

Botschaft

visto

Visum

passaporte

Pass

transporte
Transport

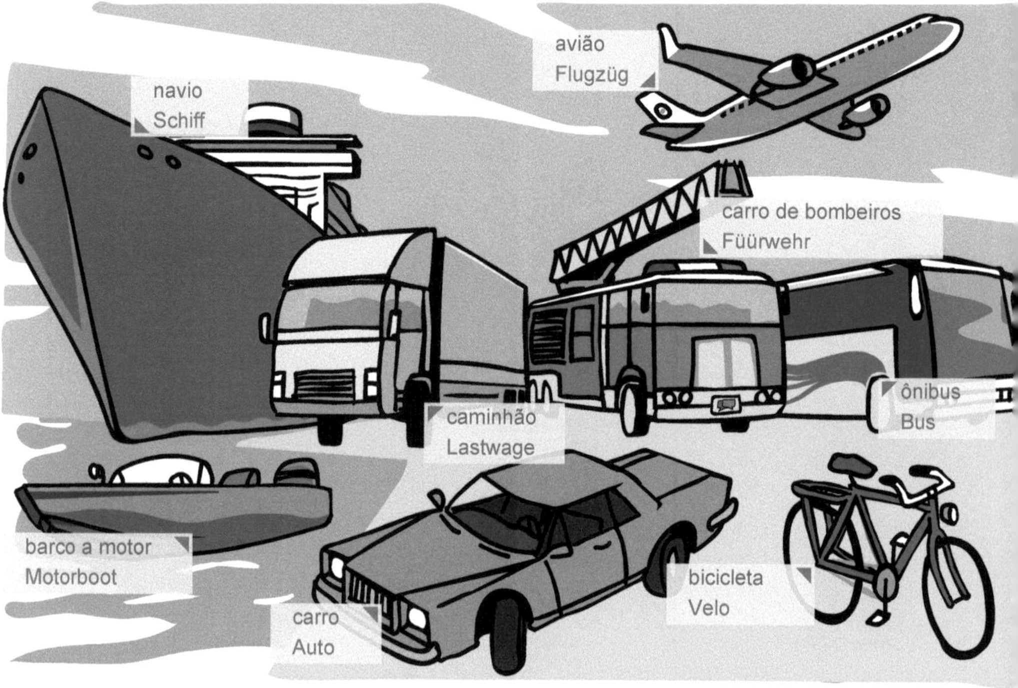

avião
Flugzüg

navio
Schiff

carro de bombeiros
Füürwehr

ônibus
Bus

caminhão
Lastwage

barco a motor
Motorboot

bicicleta
Velo

carro
Auto

balsa

Fähri

barco

Boot

motocicleta

Töff

veículo policial

Polizeiauto

carro de corrida

Rännauto

carro de aluguel

Mietwage

compartilhamento de automóvel
Carsharing

caminhão de reboque
Abschleppwage

caminhão de lixo
Chübelwage

motor
Motor

combustível
Benzin

posto de gasolina
Tankstell

placa de trânsito
Verkehrsschild

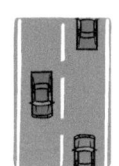

trânsito
Verchehr

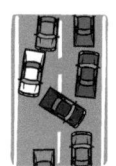

trânsito lento
Stau

estacionamento
Parkplatz

estação de trem
Bahnhof

trilhos
Schiene

trem
Zug

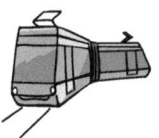

bonde
Strassebahn

vagão
Wagon

helicóptero

Helikopter

aeroporto

Flughafe

torre

Tower

passageiro

Passagier

contêiner

Container

cartolina

Karton

carroça

Chare

cesto

Korb

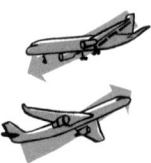

decolar / pousar

starte / lande

cidade
Stadt

vilarejo

Dorf

centro da cidade

Stadtzentrum

casa

Huus

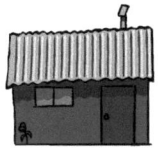

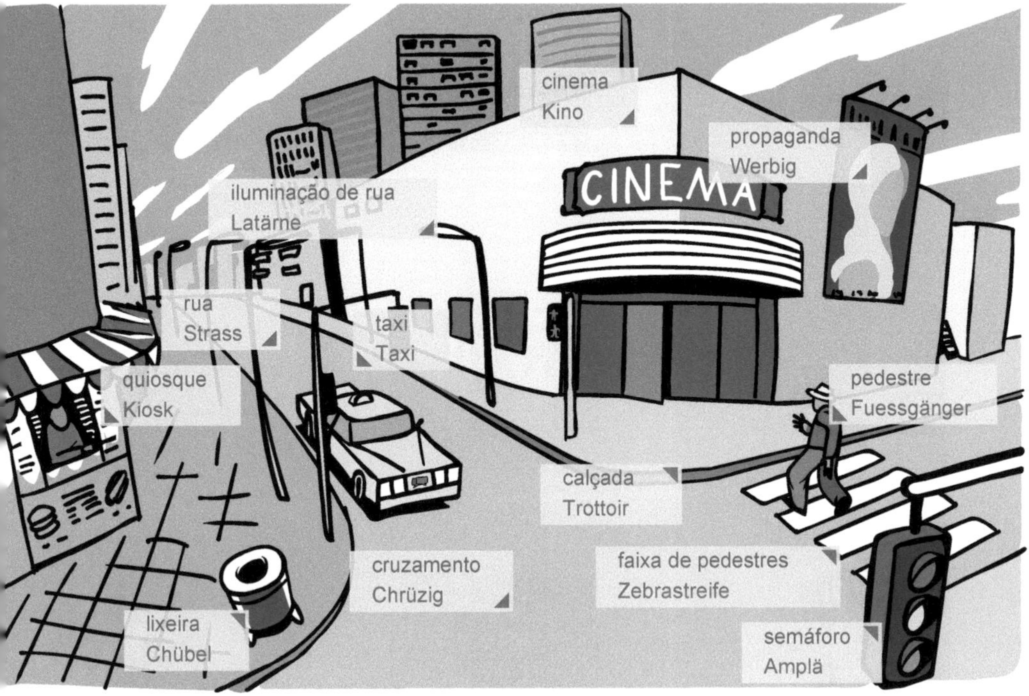
cinema
Kino
propaganda
Werbig
iluminação de rua
Latärne
rua
Strass
taxi
Taxi
quiosque
Kiosk
pedestre
Fuessgänger
calçada
Trottoir
cruzamento
Chrüzig
faixa de pedestres
Zebrastreife
lixeira
Chübel
semáforo
Amplä
CINEMA

cabana

Hütte

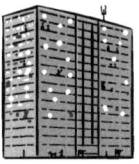

apartamento

Wohnig

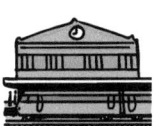

estação de trem

Bahnhof

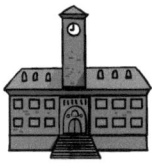

prefeitura

Gmeindshuus

MUSEUM

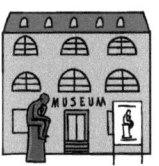

museu

Museum

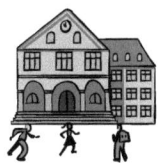

escola

Schuel

universidade

Universität

banco

Bank

hospital

Spital

hotel

Hotel

farmácia

Apotheke

escritório

Büro

livraria

Buechgschäft

loja

Gschäft

floricultura

Bluemelade

supermercado

Läbensmittellade

mercado

Märt

loja de departamentos

Chaufhuus

peixaria

Fischhändler

centro comercial

Iihkaufszentrum

porto

Hafe

parque
Park

banco
Bank

ponte
Brugg

escadas
Stäge

metrô
U-Bahn

túnel
Tunnell

ponto de ônibus
Bushaltestell

bar
Bar

restaurante
Restaurant

caixa de correspondência
Briefchastä

placa de rua
Strasseschild

parquímetro
Parkuhr

zoológico
Zolli

piscina
Badi

mesquita
Moschee

fazenda
Buurehof

poluição
Umwältvrschmutzig

cemitério
Fridhof

igreja
Chile

parquinho
Spielplatz

templo
Tämpel

paisagem
Landschaft

folha
Blatt

placa de sinalização
Wägwiiser

caminho
Wäg

gramado
Wise

pedra
Stei

caminhantes
Wanderer

árvore
Baum

rio
Fluss

grama
Gras

flor
Bluamä

vale
Tal

montanha
Bärg

lago
See

floresta
Wald

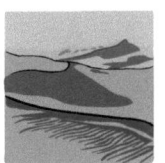

deserto
Wüeschti

vulcão
Vulkan

castelo
Schloss

arco-íris
Rägeboge

cogumelo
Pilz

palmeira
Palme

mosquito
Moskito

mosca
Fliege

formiga
Ameise

abelha
Biendli

aranha
Spinne

besouro

Chäfer

sapo

Frosch

esquilo

Eichhörnli

ouriço

Igel

lebre

Haas

coruja

Üle

pássaro

Vogu

cisne

Schwan

javali

Wildschwein

veado

Hirsch

alce

Elch

barragem

Damm

aerogerador

Windturbine

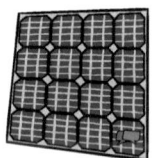

painel solar

Sunnekollektor

clima

Klima

restaurante
Restaurant

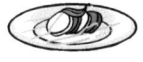

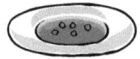

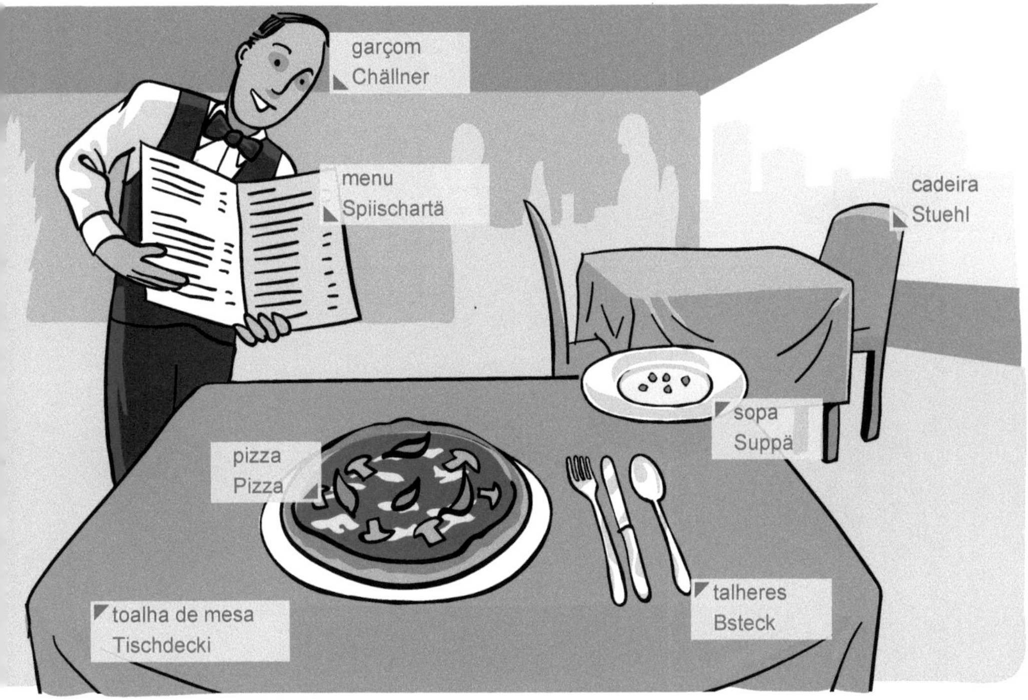

garçom
Chällner
menu
Spiischartä
cadeira
Stuehl
sopa
Suppä
pizza
Pizza
talheres
Bsteck
toalha de mesa
Tischdecki

entrada

Vorspiies

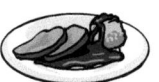

prato principal

Hauptgricht

sobremesa

Dessert

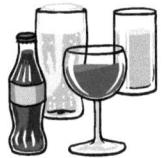

bebidas

Getränk

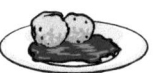

comida

Läbensmittel

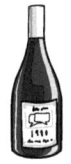

garrafa

Fläsche

fastfood
Fast Food

comida de rua
Street Food

bule de chá
Teechanne

açucareiro
Zuckerdosä

porção
Portion

máquina de expresso
Espressomaschine

cadeirão
Hochstuehl

conta
Rächnig

bandeja
Tablett

faca
Mässer

garfo
Gable

colher
Löffel

colher de chá
Teelöffel

guardanapo
Serviette

copo
Glas

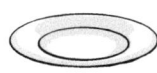

prato

Täller

prato de sopa

Suppetällär

pires

Untertasse

molho

Sose

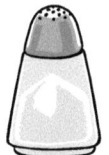

saleiro

Salzstreuer

moedor de pimenta

Pfäffermühli

vinagre

Essig

óleo

Öl

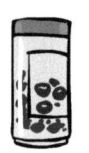

especiarias

Gwürz

ketchup

Ketchup

mostarda

Sänf

maionese

Mayonnaise

supermercado
Läbensmittellade

oferta especial
Ahgebot
FOR
cliente
Chund
laticínios
Milchprodukt
frutas
Frücht
carrinho de compras
Iichaufswage

BUTCHERS

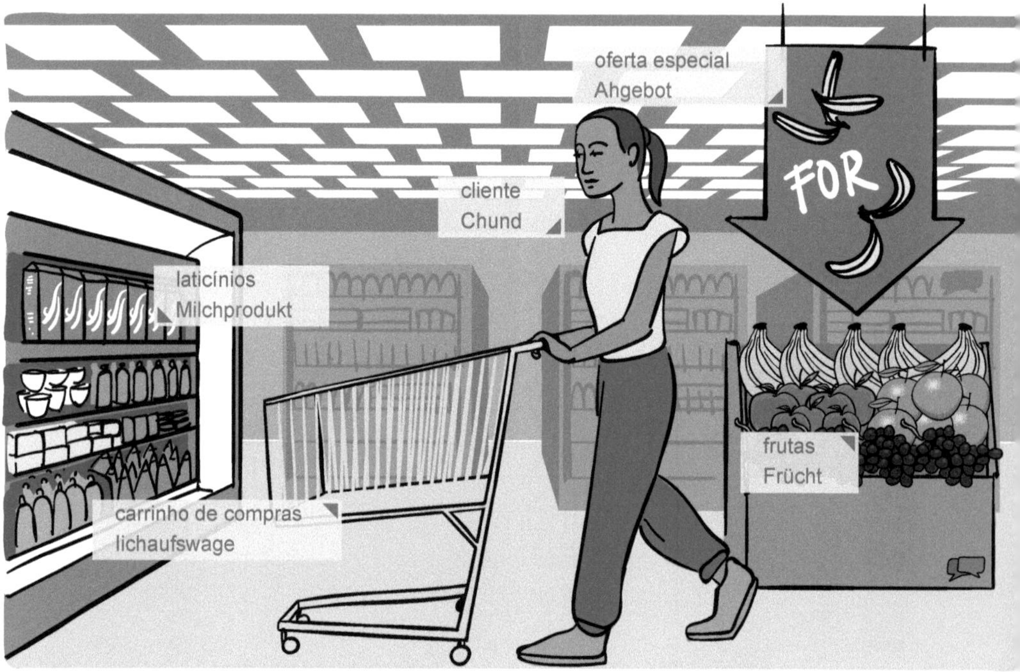

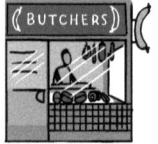

açougue

Schlachter

BAKERY

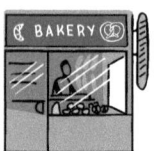

padaria

Beck

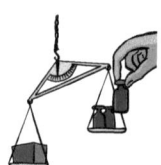

pesar

wiege

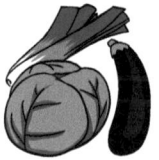

legumes

Gmües

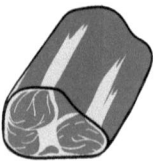

carne

Fleisch

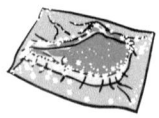

congelados

Tiefkühlprodukt

charcutaria

Ufschnitt

conservas

die Konsärve

detergente em pó

Wöschmittel

doces

Süessigkeite

artigos domésticos

Huushaltartikel

produtos de limpeza

Putzmittel

vendedora

Verchäuferin

caixa

Kassä

caixa

Kassierer

lista de compras

Ihchaufsliste

horário de funcionamento

Öffnigszite

carteira

das Portemonnaie

cartão de crédito

Kreditkarte

sacola

Täsche

saco plástico

Plastiksack

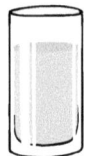

água

Wasser

suco

Saft

leite

Milch

coca-cola

Cola

vinho

Wii

cerveja

Bier

álcool

Alkohol

cacau

Ovi

chá

Tee

café

Kafi

expresso

Espresso

cappuccino

Cappuccino

banana

Banane

maçã

Öpfel

laranja

Orange

melão

Melone

limão

Zitrone

cenoura

Rüebli

alho

Chnoobli

bambu

Bambus

cebola

Zwiblä

cogumelo

Pilz

nozes

Nüss

macarrão

Nudle

espaguete

Spaghetti

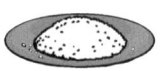

arroz

Riis

salada

Salat

batatas fritas

Pommfrit

batatas frias

Bratherdöpfel

pizza

Pizza

hambúrger

Hamburgär

sanduíche

Sandwich

escalope

Gotlett

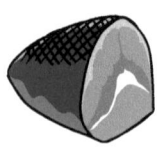

presunto

Schinkä

salame

Salami

salsicha

Würschtli

galinha

Huehn

assado

Bratä

peixe

Fisch

flocos de aveia

Haferflocke

granola

Müesli

flocos de milho

Cornflakes

farinha

Mähl

croissant

Gipfeli

pãozinho

Brötli

pão

Brot

torrada

Toscht

biscoitos

Guetzli

manteiga

Butter

requeijão

Quark

bolo

Chueche

ovo

Ei

ovo frito

Spiegelei

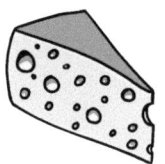

queijo

Chäs

sorvete

Glace

açúcar

Zucker

mel

Honig

geleia

Gonfi

creme de avelãs

Nougat-Creme

curry

Curry

fazenda
Buurehof

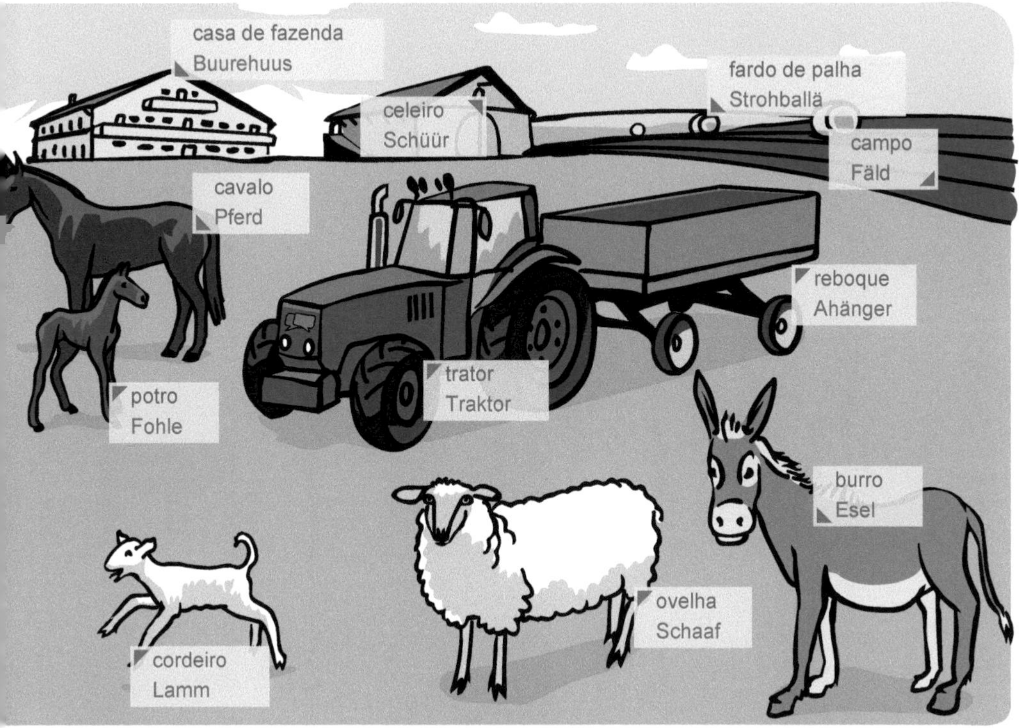

casa de fazenda
Buurehuus
celeiro
Schüür
fardo de palha
Strohballä
campo
Fäld
cavalo
Pferd
reboque
Ahänger
trator
Traktor
potro
Fohle
burro
Esel
ovelha
Schaaf
cordeiro
Lamm

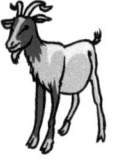

cabra
Geiss

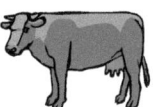

vaca
Chueh

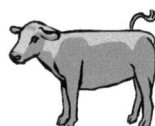

bezerro
Chalb

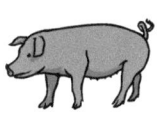

porco
Sau

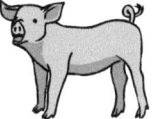

leitão
Ferkel

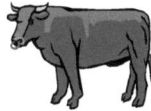

touro
Rind

ganso

Gans

pato

Änte

pintinho

Küke

galinha

Huähn

galo

Güggel

ratazana

Ratte

gato

Chatz

camundongo

Muus

boi

Ochse

cachorro

Hund

casinha do cachorro

Hundehütte

mangueira de jardim

Garteschluuch

regador

Giesschanne

foice

Sägese

arado

Pflueg

foice

Sichel

enxada

Hacke

forquilha

Heugable

machado

Axt

carrinho de mão

Garette

manjedoura

Trog

jarra de leite

Milchchanne

saco

Sack

cerca

Haag

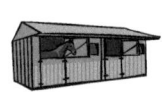

estábulo

Gadä

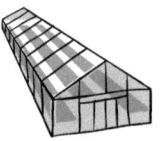

estufa

Gwächshuus

solo

Bode

semente

Soome

fertilizante

Dünger

colheitadeira

Mähdrescher

colher
ärnte

colheita
Ärnte

inhame
Yamswurzle

trigo
Weize

soja
Soja

batata
Härdöpfel

milho
Mais

colza
Raps

árvore frutífera
Obstbaum

mandioca
Maniok

cereais
Getreide

casa
Huus

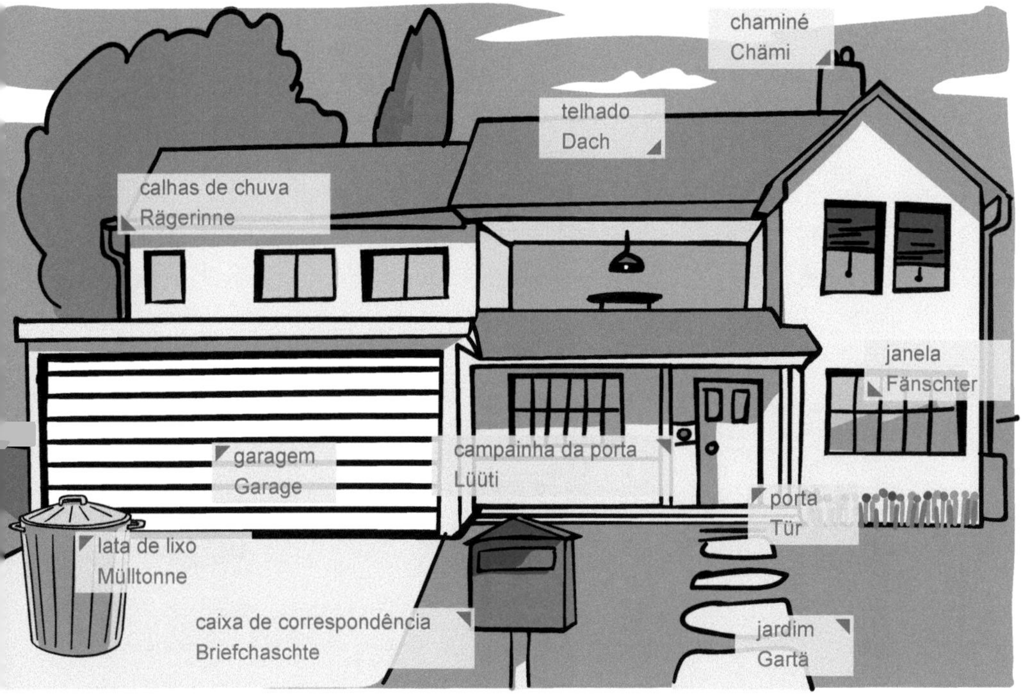

chaminé
Chämi
telhado
Dach
calhas de chuva
Rägerinne
janela
Fänschter
garagem
Garage
campainha da porta
Lüüti
porta
Tür
lata de lixo
Mülltonne
caixa de correspondência
Briefchaschte
jardim
Gartä

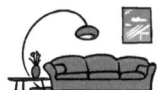

sala de estar

Stubä

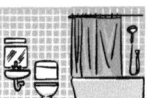

banheiro

Badzimmer

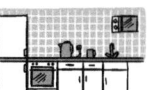

cozinha

Chuchi

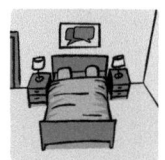

quarto de dormir

Schlofzimmer

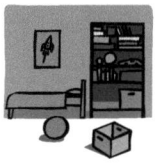

quarto de criança

Chinderzimmer

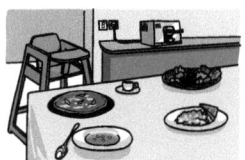

sala de jantar

Ässzimmer

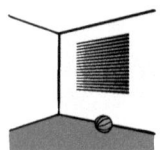

chão

Bodä

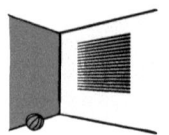

parede

Wand

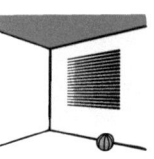

teto

Decki

porão

Chäller

sauna

Sauna

varanda

Balkon

terraço

Terasse

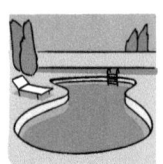

piscina

Pool

cortador de grama

Rasemäier

lençol

Bettbezug

coberta

Bettdecki

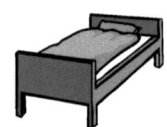

cama

Bett

vassoura

Bäse

balde

Chübel

interruptor

Schalter

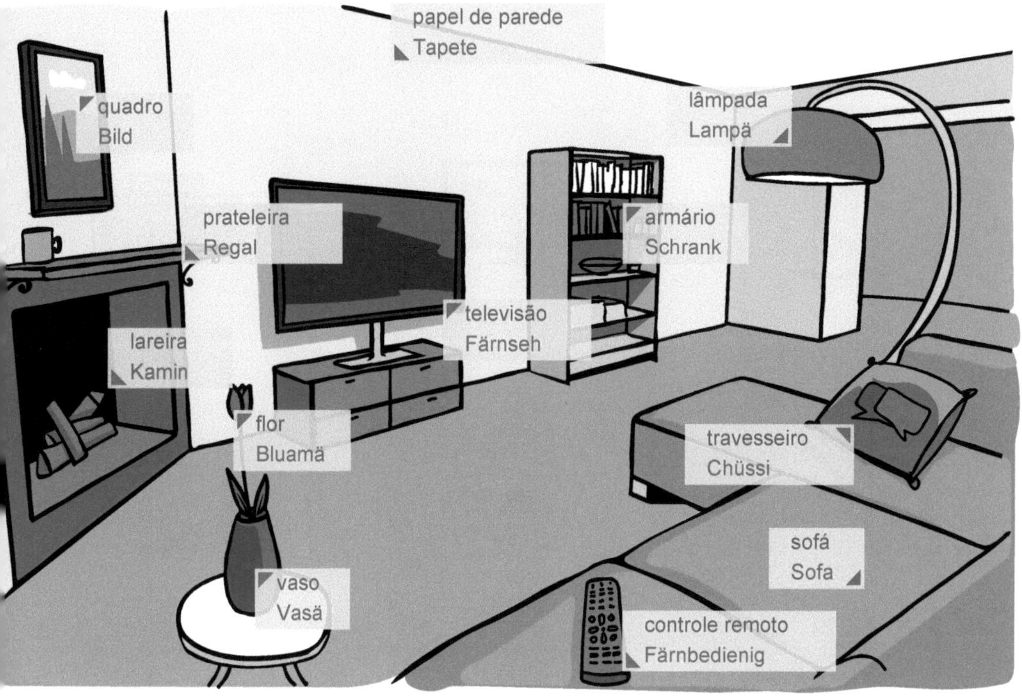

papel de parede
Tapete

quadro
Bild

lâmpada
Lampä

prateleira
Regal

armário
Schrank

televisão
Färnseh

lareira
Kamin

flor
Bluamä

travesseiro
Chüssi

sofá
Sofa

vaso
Vasä

controle remoto
Färnbedienig

tapete
Teppich

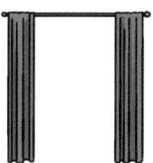

cortina
Vorhang

mesa
Tisch

cadeira
Stuehl

cadeira de balanço
Schaukelstuehl

poltrona
Sässel

livro

Buech

cobertor

Decki

decoração

Dekoration

lenha

Füürholz

filme

Film

equipamento de som

Stereoahlag

chave

Schlüssel

jornal

Ziitig

pintura

Bild

pôster

Poster

rádio

Radio

bloco de notas

Notizblock

aspirador

Staubsuuger

cacto

Kaktus

vela

Chärze

cozinha
Chuchi

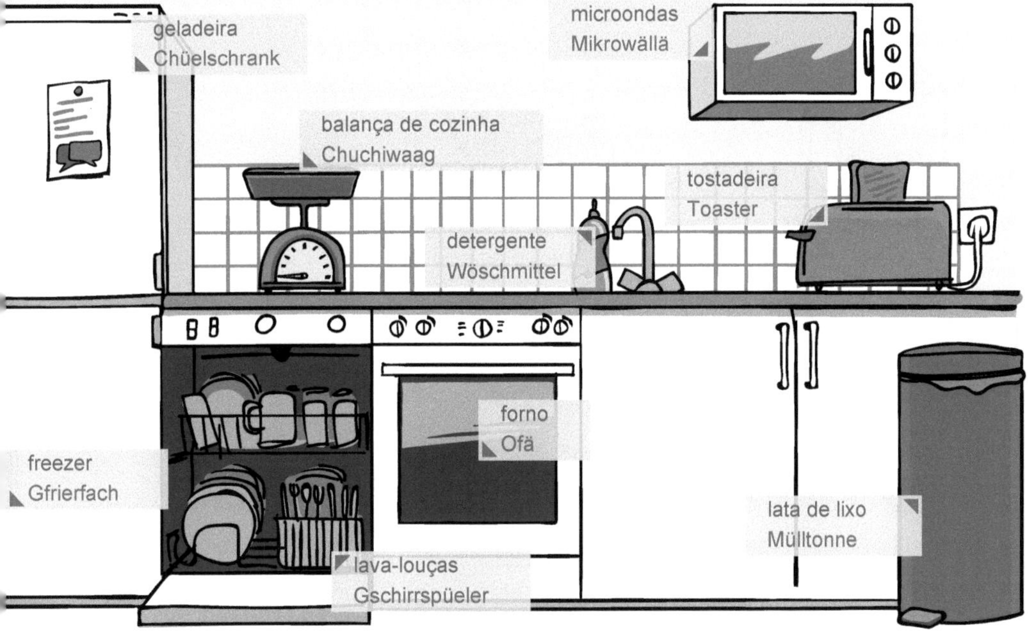
geladeira
Chüelschrank
microondas
Mikrowällä
balança de cozinha
Chuchiwaag
tostadeira
Toaster
detergente
Wöschmittel
forno
Ofä
freezer
Gfrierfach
lata de lixo
Mülltonne
lava-louças
Gschirrspüeler

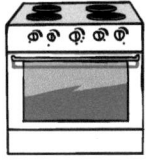

fogão
Härd

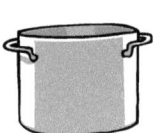

panela
Topf

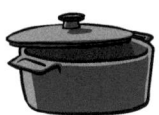

panela de ferro
Iisetopf

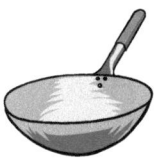

wok / kadai
Wok / Kadai

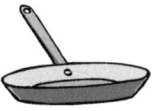

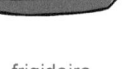

frigideira
Pfanne

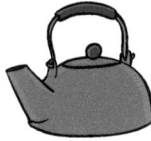

chaleira
Wasserchocher

panela a vapor

Dampfer

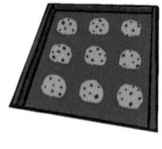

tabuleiro de forno

Bachbläch

louça

Gschirr

caneca

Bächer

caçarola

Schale

hashi

Stäbli

concha de sopa

Suppechellä

espátula

Pfannewänder

batedor

Schneebäse

escorredor

Sieb

peneira

Sieb

ralador

Raffle

almofariz

Mörser

churrasqueira

Grill

lareira

Füürstell

tábua de cortar

Schniidbrätt

rolo da massa

Nudelholz

saca-rolhas

Korkäzieher

lata

Dosä

abridor de latas

Dosäöffner

pegador de panela

Topflappä

pia

Wöschbecki

escova

Bürste

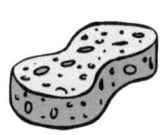

esponja

Schwumm

liquidificador

Mixer

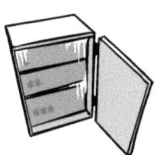

congelador

Gfrierschrank

mamadeira

Babyfläschli

torneira

Hahnä

banheiro
Badzimmer

aquecimento
Heizig
toalha
Handtuech
ducha
Duschi
cortina de chuveiro
Duschvorhang
banho de espuma
Schumbad
banheira
Badwanne
copo
Glas
lava-roupa
Wöschmaschine
torneira
Hahnä
azulejos
Fliesä
penico
Töpfli
pia
Wöschbecki

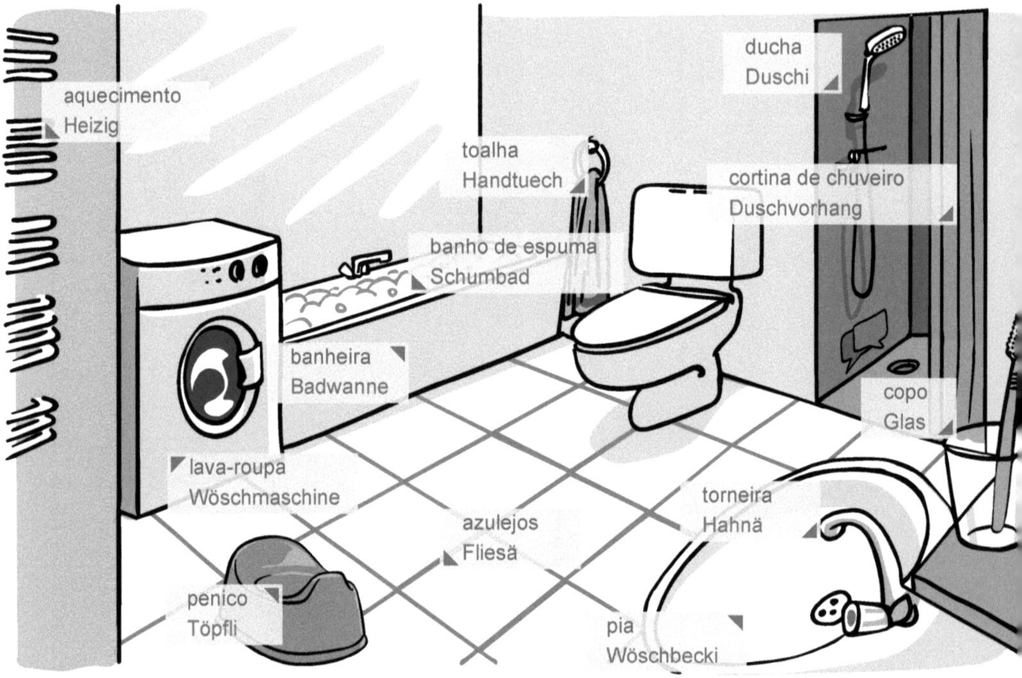

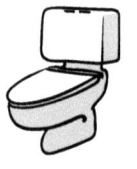

vaso sanitário
Toilette

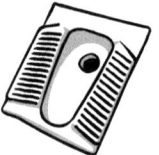

lavabo de agachar
Plumpsklo

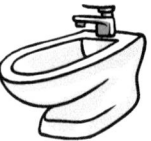

bidê
Bidet

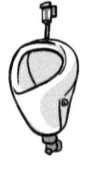

mictório
Pissoir

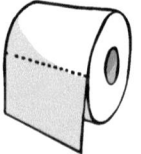

papel higiênico
Toilettepapier

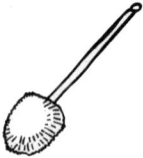

escova de privada
Toilettebürschteli

escova de dentes

Zahbürstä

pasta de dentes

Zahpasta

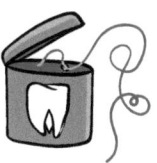

fio dental

Zahnsiide

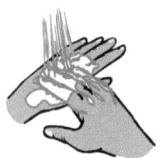

lavar

wäsche

ducha de mão

Handduschi

ducha íntima

Intiimduschi

bacia

Wöschbecki

escova para as costas

Ruggäbürste

sabonete

Seifä

gel de banho

Duschgel

xampu

Shampoo

toalha de rosto

Waschlappä

escoamento

Abfluss

creme

Creme

desodorante

Deo

espelho

Spiegel

espelho de mão

Handspiegel

barbeador

Rasierer

espuma de barbear

Rasierschuum

loção pós-barba

Aftershave

pente

Schträäl

escova

Bürstä

secador de cabelo

Föhn

spray de cabelo

Hoorspray

maquiagem

Makeup

batom

Lippestift

esmalte de unhas

Nagellack

algodão

Wattä

tesoura para unhas

Nagelscher

perfume

Parfum

nécessaire

Necessaire

banquinho

Schemel

balança

Waag

roupão de banho

Badmantel

luvas de borracha

Gummihändscheh

absorvente interno

Tampon

absorvente íntimo

Damebinde

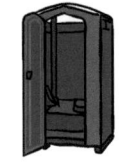

banheiro químico

chemischi Toilette

quarto de criança
Chinderzimmer

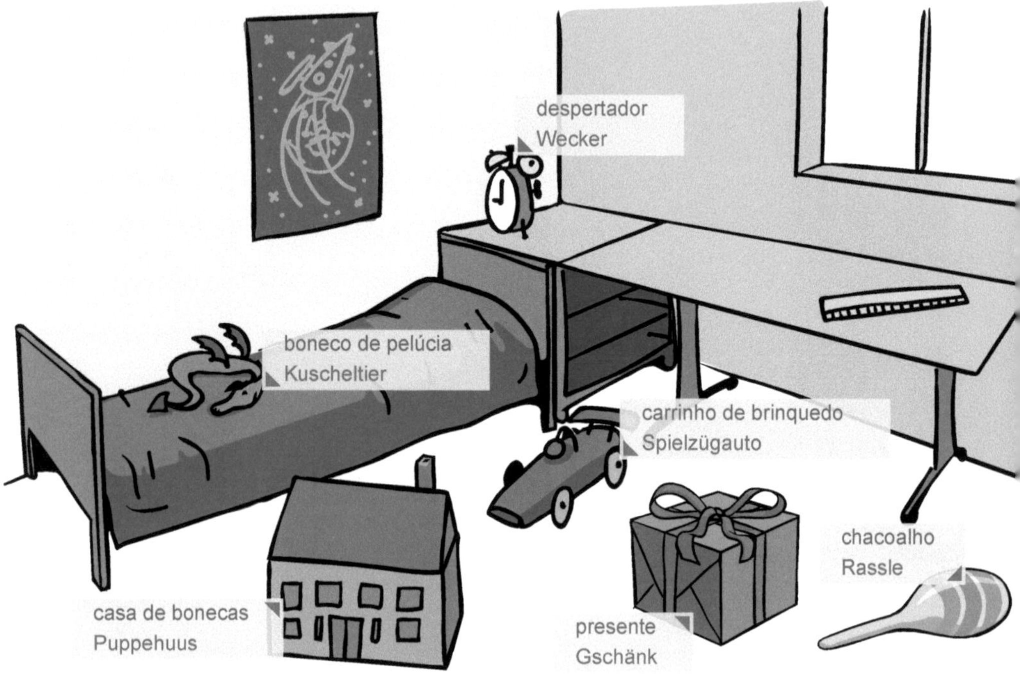
despertador
Wecker
boneco de pelúcia
Kuscheltier
carrinho de brinquedo
Spielzügauto
chacoalho
Rassle
casa de bonecas
Puppehuus
presente
Gschänk

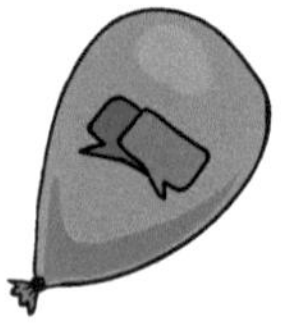

balão
Ballon

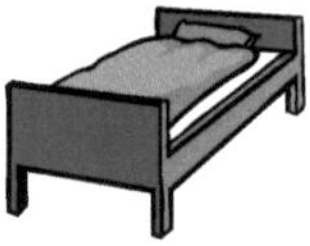

cama
Bett

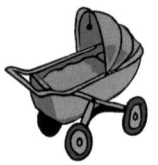

carrinho de bebê
Chinderwage

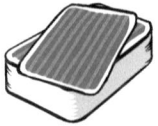

jogo de cartas
Chartespiel

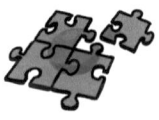

quebra-cabeças
Puzzle

SUPER MEGA

revista de quadrinhos
Comic

peças de Lego
Legos

blocos de construção
Baustei

figura de ação
Action Figur

macaquinho de bebê
Strampli

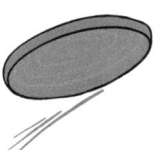

frisbee
Frisbee

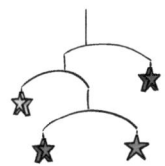

móbile para bebé
Mobile

jogo de tabuleiro
Brättspiel

dados
Würfäl

trenzinho elétrico
Modellisebahn

chupeta
Nuggi

festa
Party

livro ilustrado
Bilderbuch

bola
Ball

boneca
Puppä

brincar
spiele

caixa de areia

Sandchaschte

balanço

Gigampfi

brinquedos

Spielzüg

videogame

Videospielkonsole

triciclo

Dreirad

ursinho de pelúcia

Teddy

guarda-roupa

Chleiderschrank

vestuário
Chleidig

meias

Sockä

meias pelo joelho

Strümpf

meias-calças

Strumpfhosä

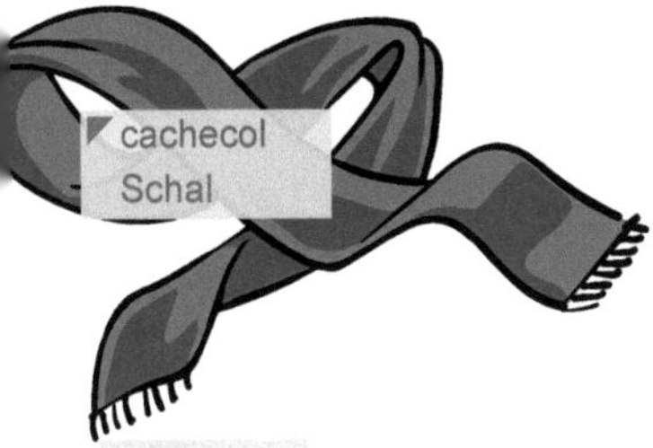

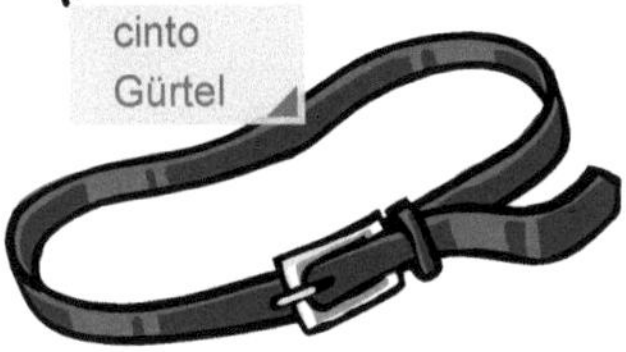

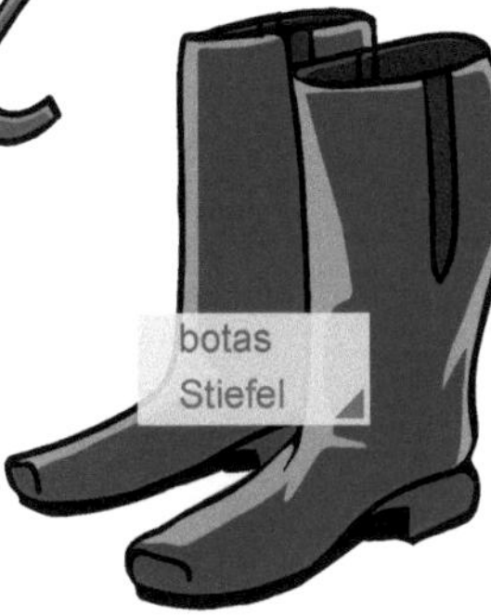

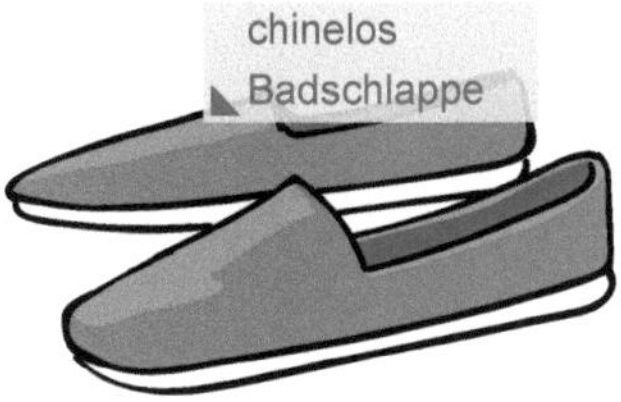

cachecol
Schal

guarda-chuva
Rägeschirm

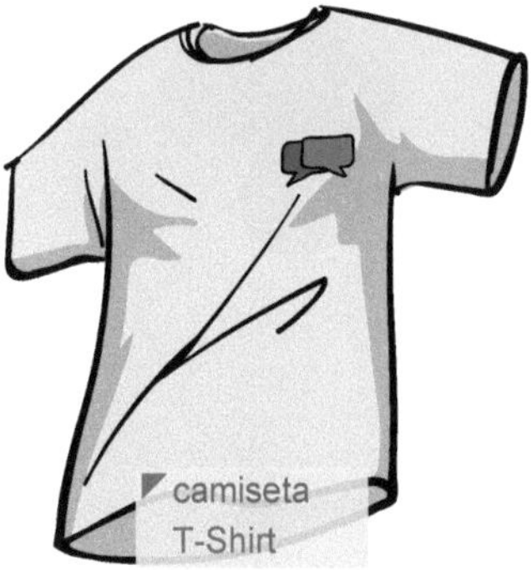

cinto
Gürtel

camiseta
T-Shirt

botas
Stiefel

chinelos
Badschlappe

tênis
Turnschueh

sandálias

Sandalä

sapatos

Schueh

botas de borracha

Gummistiefel

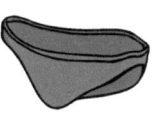

roupa de baixo

Untrhosä

sutiã

BH

camiseta de baixo

Underlibli

body

Body

calças

Hosä

jeans

Jeans

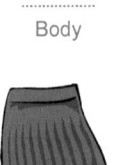

saia

Rock

blusa

Bluse

camisa

Hömli

pulôver

Pulli

suéter com capuz

Kapuzepulli

blazer

Blazer

jaqueta

Jacke

casaco

Mantel

gabardine

Rägämantel

traje

Chostüm

vestido

Chleid

vestido de casamento

Hochziitskleid

terno

Ahzug

camisola

Nachthömli

pijama

Pyjama

sari

Sari

lenço de cabeça

Chopftuäch

turbante

Turban

burca

Burka

cafetã

Kaftan

abaya

Abaya

maiô

Badchleid

sunga

Badhose

shorts

churzi Hosä

roupa de treino

Trainer

avental

Schürze

luvas

Händsche

botão

Chnopf

óculos

Brüllä

pulseira

Armband

colar

Chetti

anel

Ring

brinco

Ohrering

boné

Chappe

cabide

Chleiderbügel

chapéu

Huet

gravata

Grawattä

zíper

Riissverschluss

capacete

Helm

suspensórios

Hosäträger

uniforme escolar

Schueluniform

uniforme

Uniform

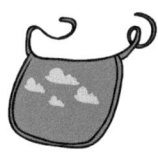

babador

Lätzli

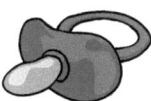

chupeta

Nuggi

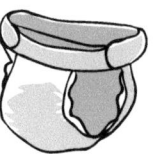

fralda

Windle

escritório

Büro

servidor
Server
armário de arquivos
Akteschrank
impressora
Drucker
papel
Papier
monitor
Monitor
mouse
Muus
escrivaninha
Schribtisch
pasta
Ordner
teclado
Taschtatur
cesto de lixo
Papierchorb
computador
Computer
cadeira
Stuehl

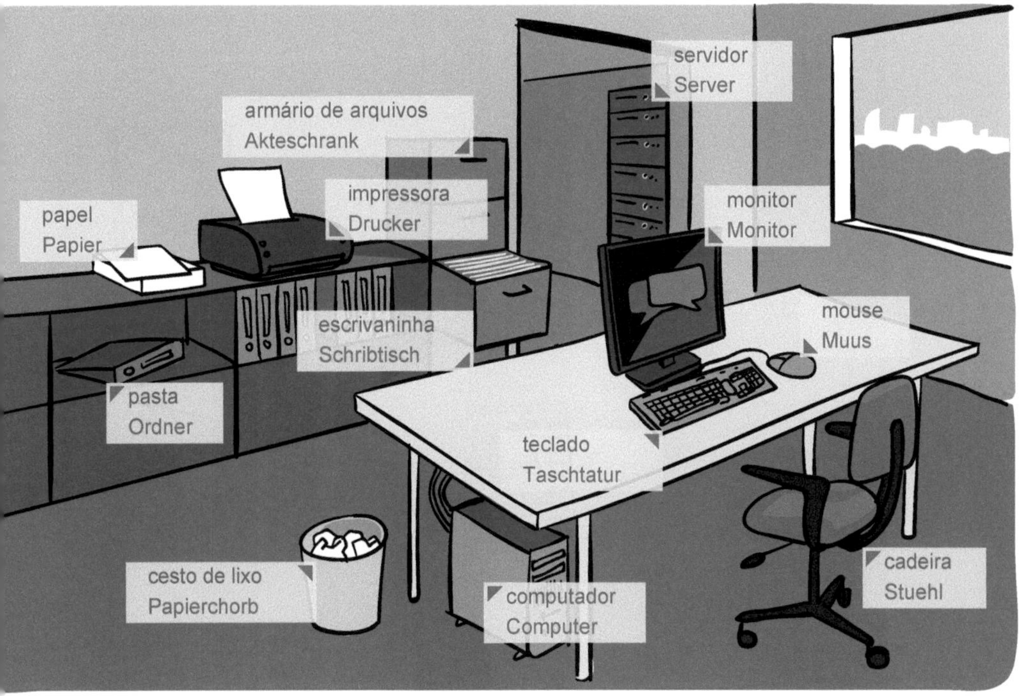

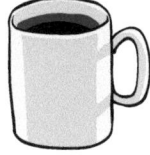

xícara de café

Kafibächer

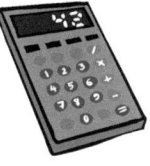

calculadora

Tascherächner

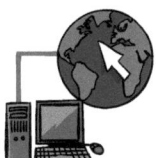

internet

Internet

laptop

Laptop

carta

Brief

mensagem

Nochricht

celular

Mobiltelefon

rede

Netzwärk

copiadora

Kopierer

software

Software

telefone

Telefon

tomada

Steckdosä

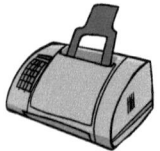

fax

Fax

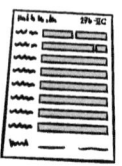

formulário

Formular

documento

Dokumänt

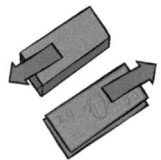

comprar
chaufe

pagar
zahle

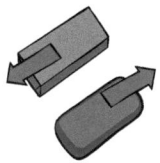

negociar
handle

dinheiro
Gäld

USD

Dólar
Dollar

EUR

Euro
Euro

JPY

Yen
Yen

RUB

rublo
Rubel

CHF

franco suíço
Frankä

CNY

renminbi yuan
Renminbi Yuan

INR

rupia
Rupie

caixa eletrônico
Gäldautomat

casa de câmbio

Wächselstube

ouro

Gold

prata

Silber

petróleo

Öl

energia

Energie

preço

Priis

contrato

Vertrag

imposto

Stüür

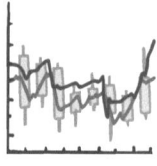

ação

Aktie

trabalhar

schaffe

empregado

Mitarbeiter

empregador

Arbeitgeber

fábrica

Fabrik

loja

Gschäft

profissões
Brüef

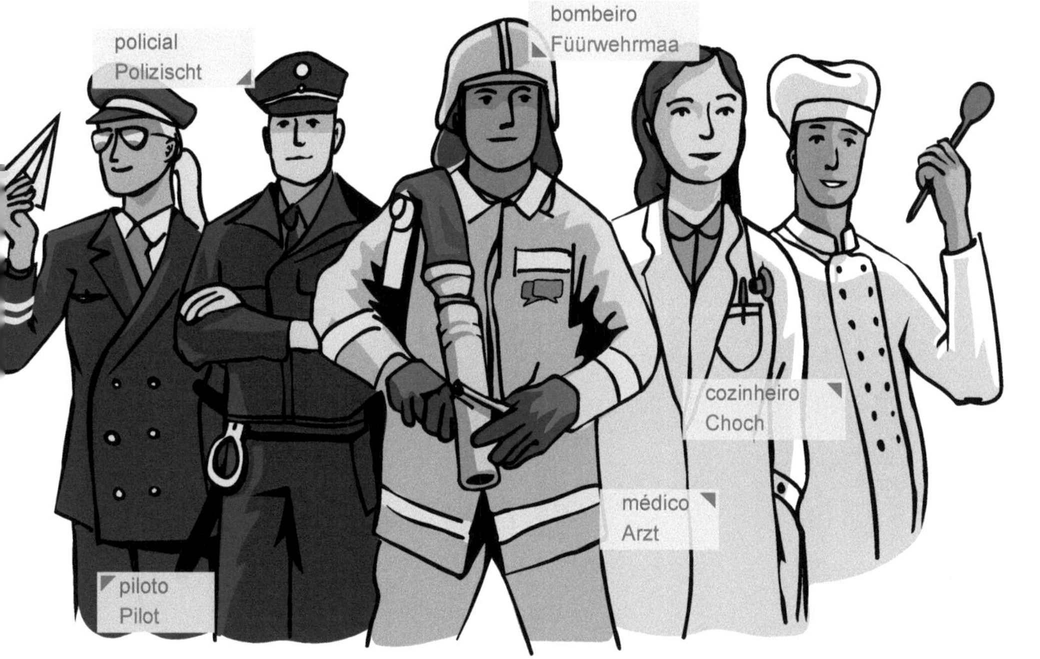

bombeiro
Füürwehrmaa
policial
Polizischt
cozinheiro
Choch
médico
Arzt
piloto
Pilot

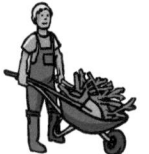

jardineiro

Gärtner

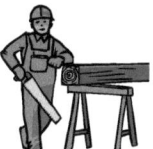

marceneiro

Zimmermah

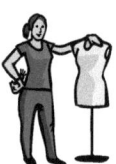

costureira

Näheri

juiz

Richter

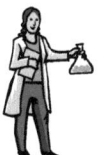

químico

Chemiker

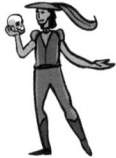

ator

Darsteller

motorista de ônibus

Busfahrer

motorista de táxi

Taxifahrer

pescador

Fischer

faxineira

Putzfrau

telhador

Dachdecker

garçom

Chällner

caçador

Jäger

pintor

Moler

padeiro

Bäcker

eletricista

Elektriker

construtor

Bauarbeiter

engenheiro

Ingenieur

açougueiro

Schlachter

encanador

Klämpner

carteiro

Pöschtler

soldado

Soldat

arquiteto

Architekt

caixa

Kassierer

florista

Florischt

cabelereiro

Frisör

condutor

Kontrolleur

mecânico

Mechaniker

capitão

Kapitän

dentista

Zahnarzt

cientista

Wüsseschaftler

rabino

Rabbi

imam

Imam

monge

Mönch

pastor

Pfarrer

ferramentas
Werkzüüg

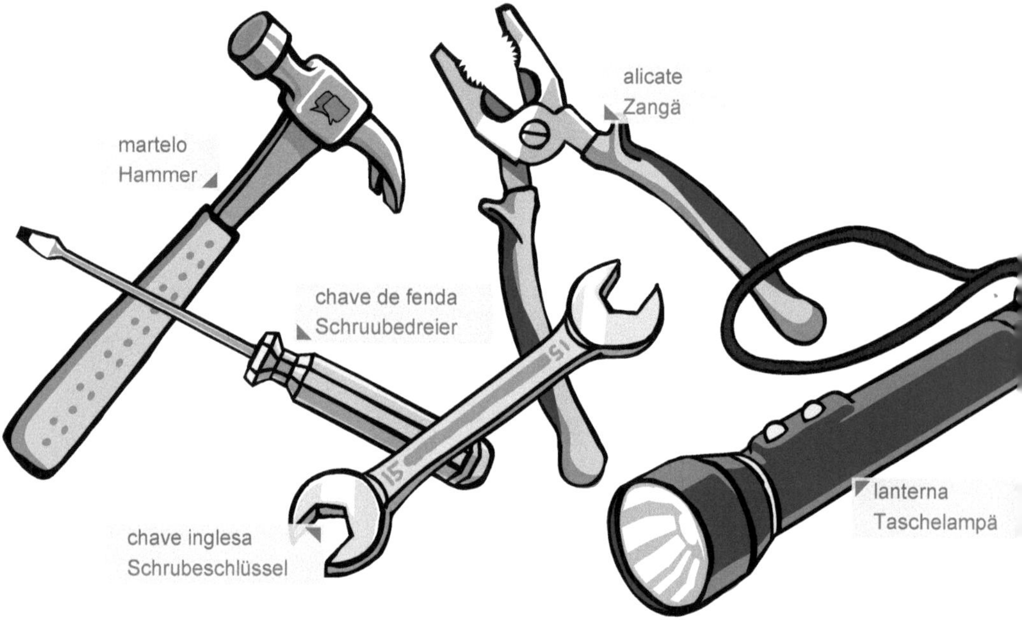
alicate
Zangä
martelo
Hammer
chave de fenda
Schruubedreier
lanterna
Taschelampä
chave inglesa
Schrubeschlüssel

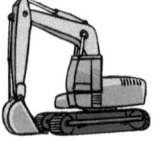

escavadora
Bagger

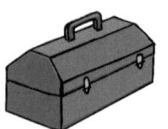

caixa de ferramentas
Werkzüügchaschte

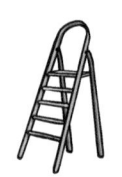

escada de mão
Leitere

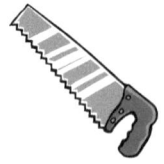

serra
Sagi

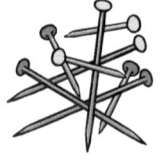

pregos
Negel

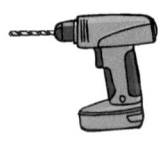

furadeira
Bohrer

consertar
flicke

pá
Schufle

Droga!
Mischt!

pá de lixo
Ascheschufle

pote de tinta
Farbchübel

parafusos
Schruube

instrumentos musicais
Musiginstrumänt

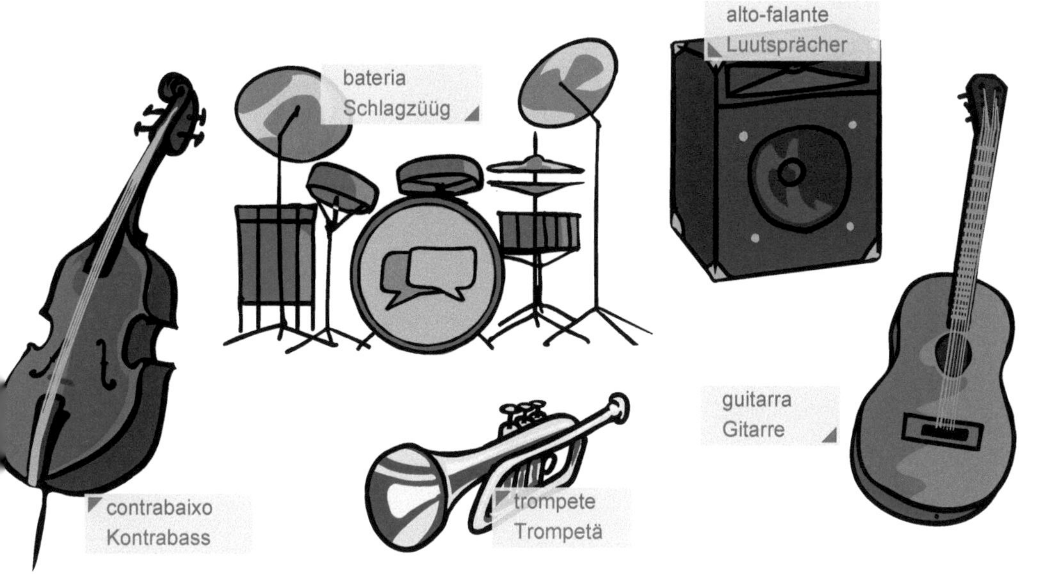

bateria
Schlagzüüg

alto-falante
Luutsprächer

guitarra
Gitarre

contrabaixo
Kontrabass

trompete
Trompetä

piano

Klavier

violino

Violine

baixo

Bass

timbales

Pauke

tambor

Trummle

teclado

Keyboard

saxofone

Saxophon

flauta

Flöte

microfone

Mikrofon

zoológico
Zolli

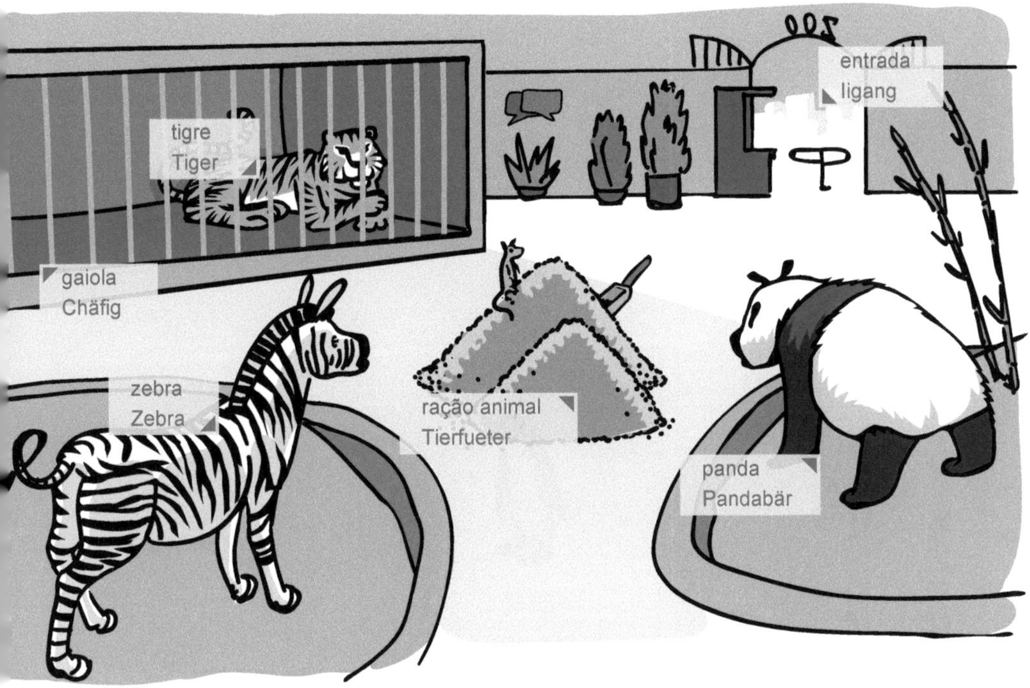

entrada
ligang
tigre
Tiger
gaiola
Chäfig
zebra
Zebra
ração animal
Tierfueter
panda
Pandabär

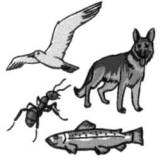

animais
Tier

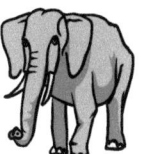

elefante
Elefant

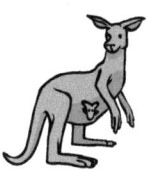

canguru
Känguru

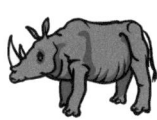

rinoceronte
Nashorn

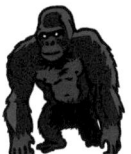

gorila
Gorilla

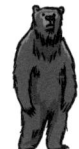

urso
Bär

camelo

Kamel

avestruz

Struss

leão

Leu

macaco

Aff

flamingo

Flamingo

papagaio

Papagei

urso polar

lisbär

pinguim

Pinguin

tubarão

Hai

pavão

Pfau

cobra

Schlangä

crocodilo

Krokodil

guarda do zoológico

Zoowärter

foca

Robbä

jaguar

Jaguar

pônei

Pony

leopardo

Leopard

hipopótamo

Nilpfärd

girafa

Giraff

águia

Adler

javali

Wildschwein

peixe

Fisch

tartaruga

Schildkrot

morsa

Walross

raposa

Fuchs

gazela

Gazelle

futebol americano
American Football

ciclismo
Velofahre

tênis
Tennis

basquete
Basketball

natação
Schwümmä

boxe
Boxä

hóquei no gelo
Iishockey

futebol
Fuessball

badminton
Badminton

atletismo
Liechtathletik

handebol
Handball

esqui
Skifahre

polo
Polo

atividades
Aktivitäte

rir
lachä
pular
springä
abraçar
umarme
andar
gah
cantar
singe
sonhar
troime
rezar
bätte
beijar
küssä

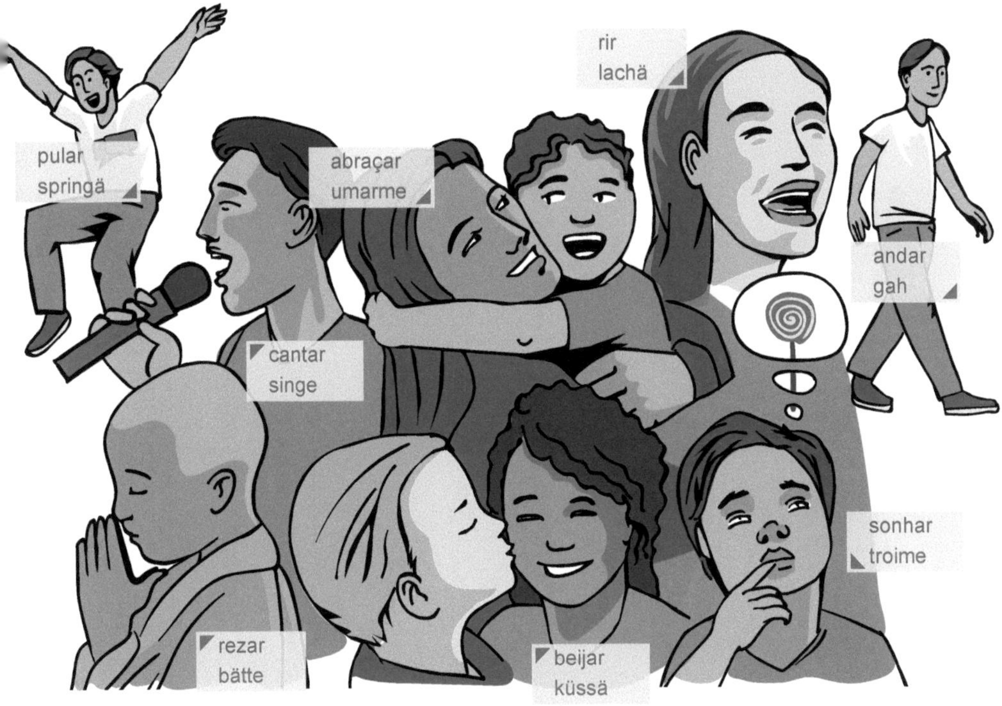

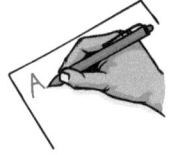

escrever

schribe

desenhar

zeichne

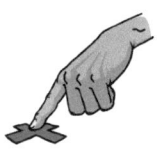

mostrar

zeige

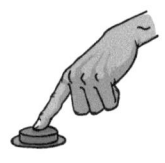

empurrar

schiebe

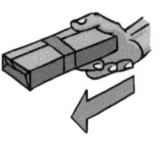

dar

gäh

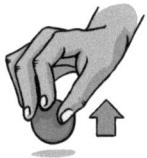

tomar

näh

ter
händ

fazer
mache

ser
sy

ficar de pé
stah

correr
laufe

puxar
zieh

jogar
rüerä

cair
fallä

deitar
ligge

esperar
warte

carregar
träge

sentar
sitze

vestir
ahzieh

dormir
schlafe

despertar
ufwache

olhar para

ahluege

chorar

brüele

acariciar

striichle

pentear

bürste

falar

redä

entender

verschtah

perguntar

froog

ouvir

lose

beber

trinke

comer

ässe

arrumar

ufruume

amar

liebe

cozinhar

chochä

dirigir

fahre

voar

flüge

velejar

segle

calcular

rächne

ler

läse

aprender

leerä

trabalhar

schaffe

casar

hürate

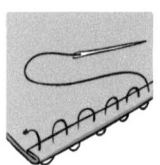

costurar

näije

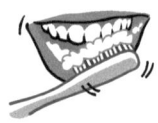

escovar os dentes

Zäh putze

matar

töte

fumar

schlootä

enviar

sände

família

Familiä

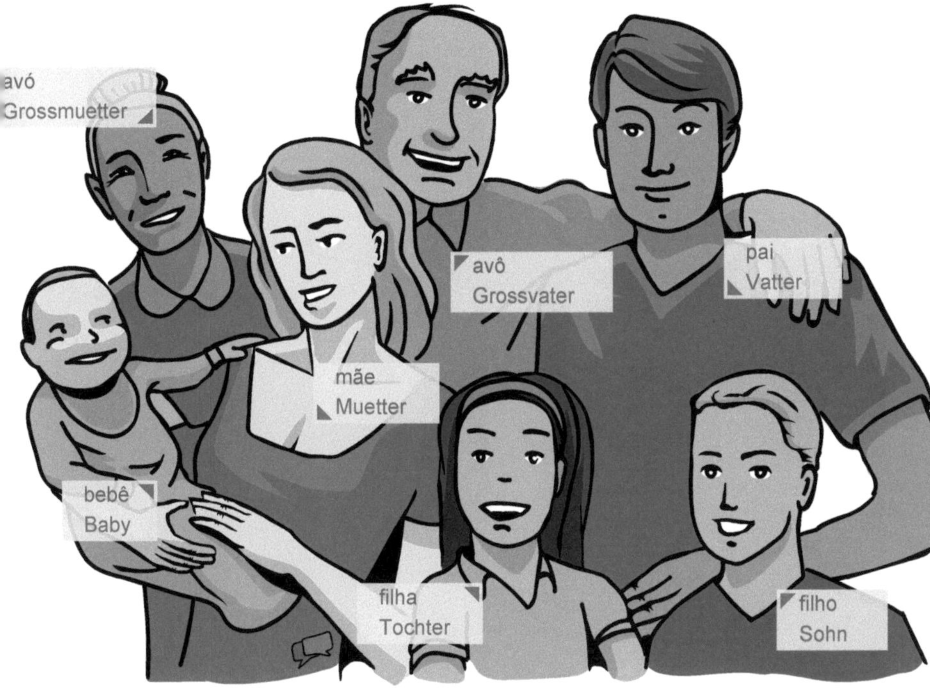

avó
Grossmuetter
avô
Grossvater
pai
Vatter
mãe
Muetter
bebê
Baby
filha
Tochter
filho
Sohn

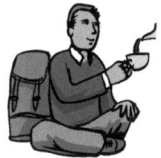

convidado

Gast

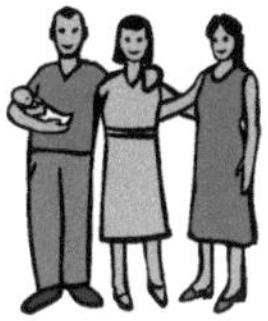

tia

Tante

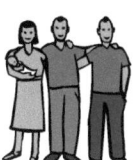

tio

Unkel

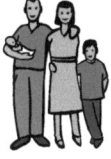

irmão

Brüeder

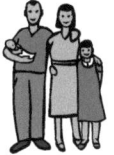

irmã

Schwöschter

corpo
Körpär

testa
Stirn
olho
Aug
ombro
Schultere
dedo
Fingär
rosto
Gsicht
queixo
Chüni
mão
Hand
perna
Bei
peito
Bruscht
braço
Arm

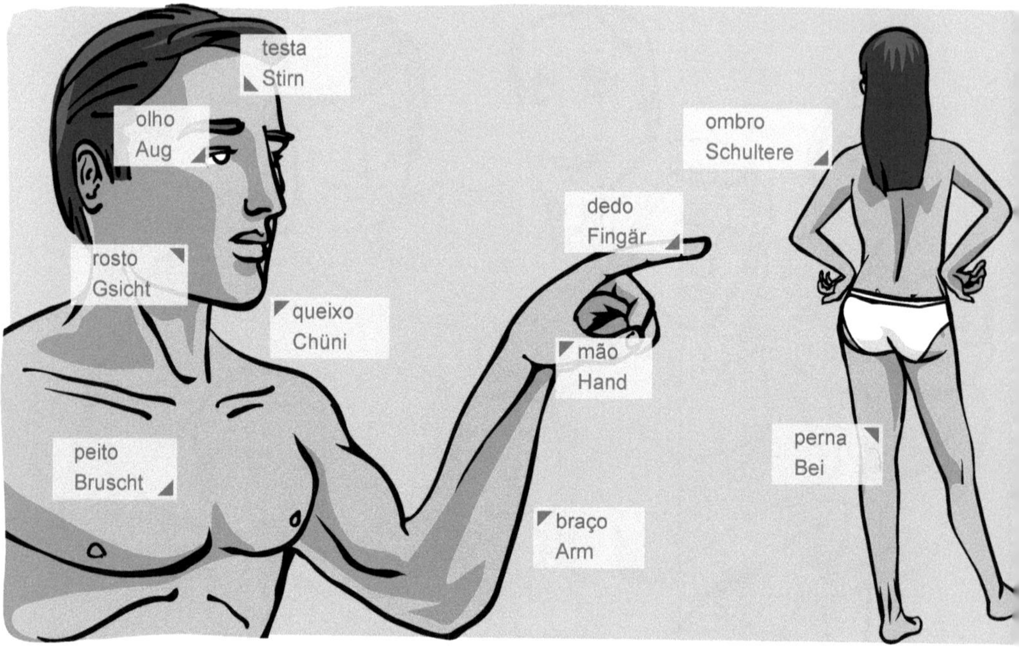

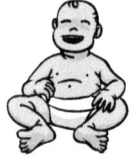

bebê

Baby

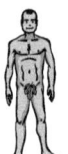

homem

Mah

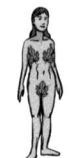

mulher

Frau

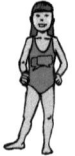

menina

Meitli

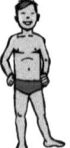

menino

Bueb

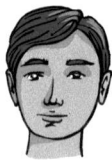

cabeça

Chopf

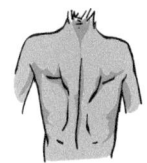

costas

Ruggä

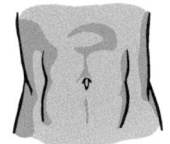

barriga

Buuch

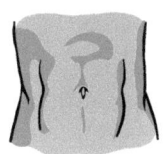

umbigo

Buchnabel

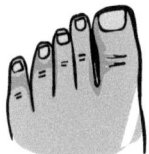

dedo do pé

Zäche

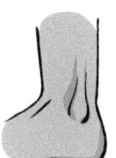

calcanhar

Fersä

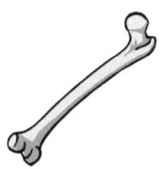

osso

Knoche

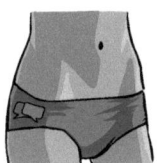

anca

Hüfte

joelho

Chnü

cotovelo

Ellbogä

nariz

Nase

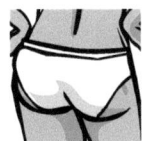

nádegas

Füdli

pele

Hut

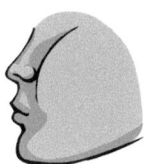

bochecha

Bagge

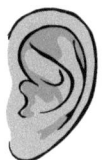

orelha

Ohr

lábio

Lippe

boca

Muul

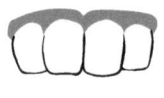

dente

Zah

língua

Zungä

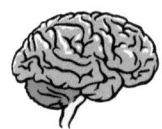

cérebro

Hirni

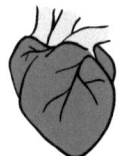

coração

Härz

músculo

Muskel

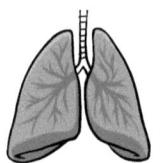

pulmão

Lungä

fígado

Läberä

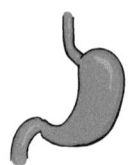

estômago

Magen

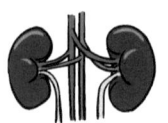

rins

Nierä

relações sexuais

Gschlächtsvrkehr

preservativo

Kondom

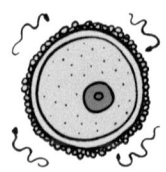

óvulo

Eizälle

esperma

Soome

gravidez

Schwangerschaft

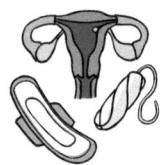

menstruação

Menstruation

vagina

Vagina

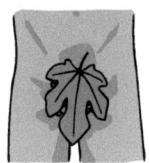

pênis

Penis

sobrancelha

Augebrauä

cabelo

Haar

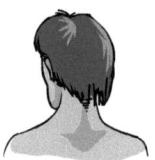

pescoço

Hals

hospital
Spital

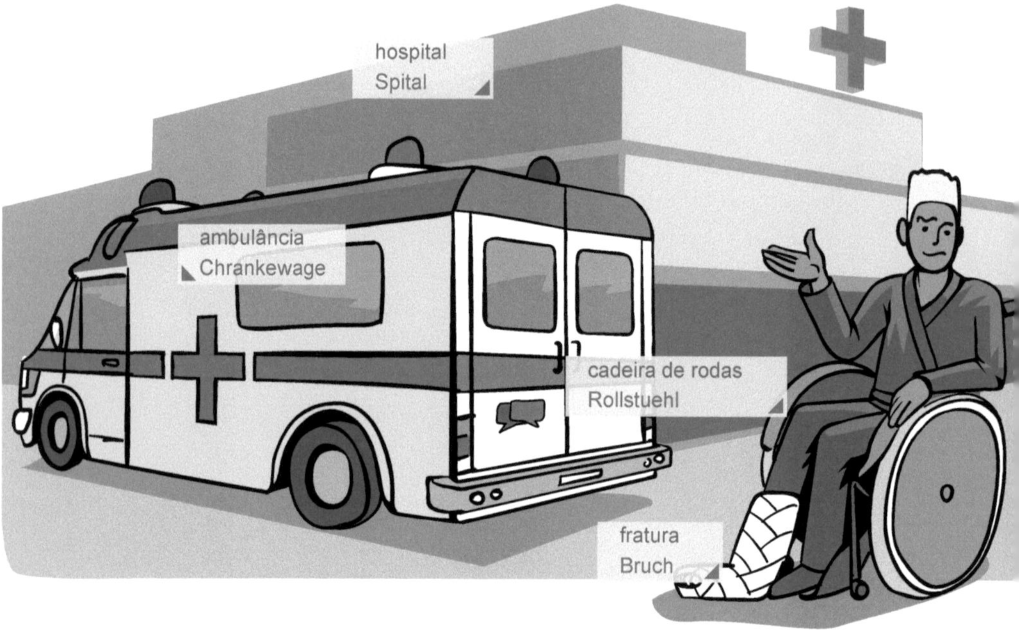

hospital
Spital
ambulância
Chrankewage
cadeira de rodas
Rollstuehl
fratura
Bruch

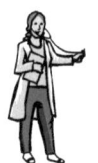

médico

Arzt

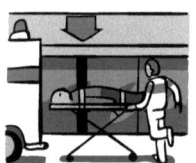

pronto-socorro

Notufnahm

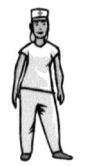

enfermeira

Chrankeschwöschter

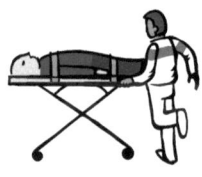

emergência

Notfall

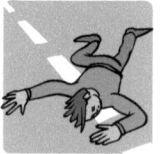

inconsciente

ohnmächtig

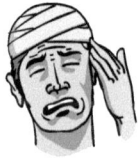

dor

Schmärz

ferimento

Verletzig

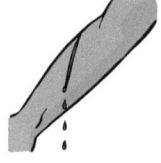

hemorragia

Bluätig

ataque cardíaco

Härzinfarkt

acidente vacular cerebral

Schlagahfall

alergia

Allergie

tosse

Hueschtä

febre

Fieber

gripe

Grippe

diarreia

Durchfall

dor de cabeça

Kopfschmärze

câncer

Kräbs

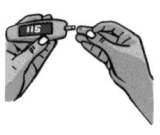

diabetes

Diabetes

cirurgião

Chirurg

bisturi

Skalpell

operação

Operation

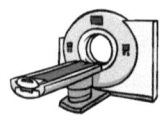

CT

CT

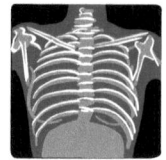

raio x

Röntgä

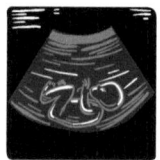

ultrassom

Ultraschall

máscara

Gsichtsmaske

doença

Krankhet

sala de espera

Wartezimmer

muleta

Krückä

bandeide

Pflaster

ligadura

Vrband

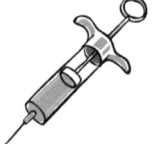

injeção

Injektion

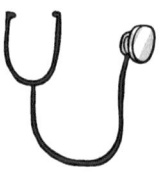

estetoscópio

Stethoskop

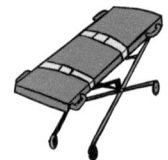

maca

Trage

termômetro

Thermometer

nascimento

Geburt

excesso de peso

Übergwicht

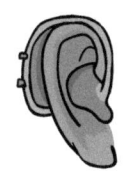

aparelho auditivo

Hörgrät

desinfetante

Desinfektionsmittel

infecção

Infektion

vírus

Virus

HIV / AIDS

HIV / AIDS

medicamento

Medizin

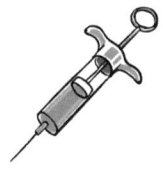

vacinação

Impfig

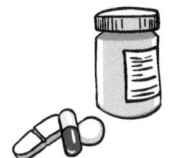

comprimidos

Tablette

pílula

Pille

chamada de emergência

Notruef

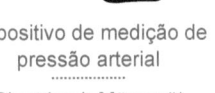

dispositivo de medição de
pressão arterial

Bluetdruck-Mässgrät

doente / saudável

chrank / gsund

Socorro!
Hiufe!

alarme
Alarm

assalto
Überfall

ataque
Ahgriff

perigo
Gfohr

saída de emergência
Notuusgang

Fogo!
Füür!

extintor de incêndios
Füürlöscher

acidente
Unfall

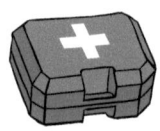

maleta de primeiros
socorros
Ersti-Hilf-Koffer

SOS
SOS

polícia
Polizei

Europa

Europa

América do Norte

Nordamerika

América do Sul

Südamerika

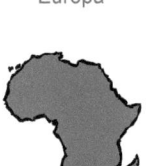

África

Afrika

Ásia

Asie

Austrália

Auschtralie

Atlântico

Atlantik

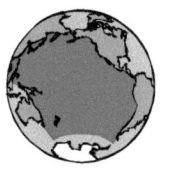

Pacífico

Pazifik

Oceano Índico

Indische Ozean

Oceano Antártico

Antarktische Ozean

Oceano Ártico

Arktische Ozean

Polo Norte

Nordpol

Polo Sul

Südpol

Antártica

Antarktis

Terra

Ärde

terra

Land

mar

Meer

ilha

Inslä

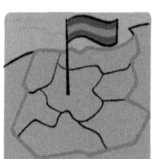

nação

Nation

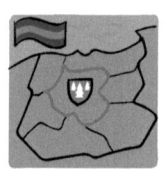

estado

Staat

mostrador do relógio
Ziffereblatt

ponteiro das horas
Stundezeiger

ponteiro dos minutos
Minutezeiger

ponteiro dos segundos
Sekundezeiger

Que horas são?
Wie spaht isch es?

dia
Tag

tempo
Zit

agora
jetzt

relógio digital
Digitaluhr

minuto
Minute

hora
Stunde

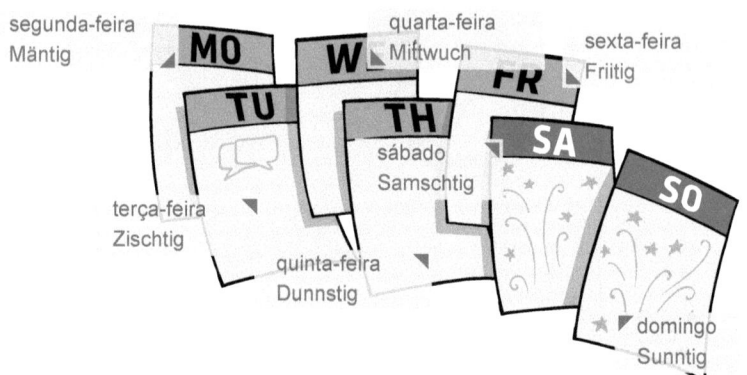

segunda-feira
Mäntig

quarta-feira
Mittwuch

sexta-feira
Friitig

terça-feira
Zischtig

sábado
Samschtig

quinta-feira
Dunnstig

domingo
Sunntig

ontem

geschter

hoje

hüt

amanhã

morn

manhã

Morgä

meio-dia

Mittag

entardecer

Aabig

dias úteis

Wärktag

fim de semana

Wuchenänd

ano
Johr

chuva
Räge
arco-íris
Rägeboge
neve
Schnee
vento
Wind
primavera
Früelig
outono
Herbscht
verão
Summer
inverno
Winter

4.APRIL 11°
5.APRIL 4°
6.APRIL 13°
7.APRIL 8°
8.APRIL 10°

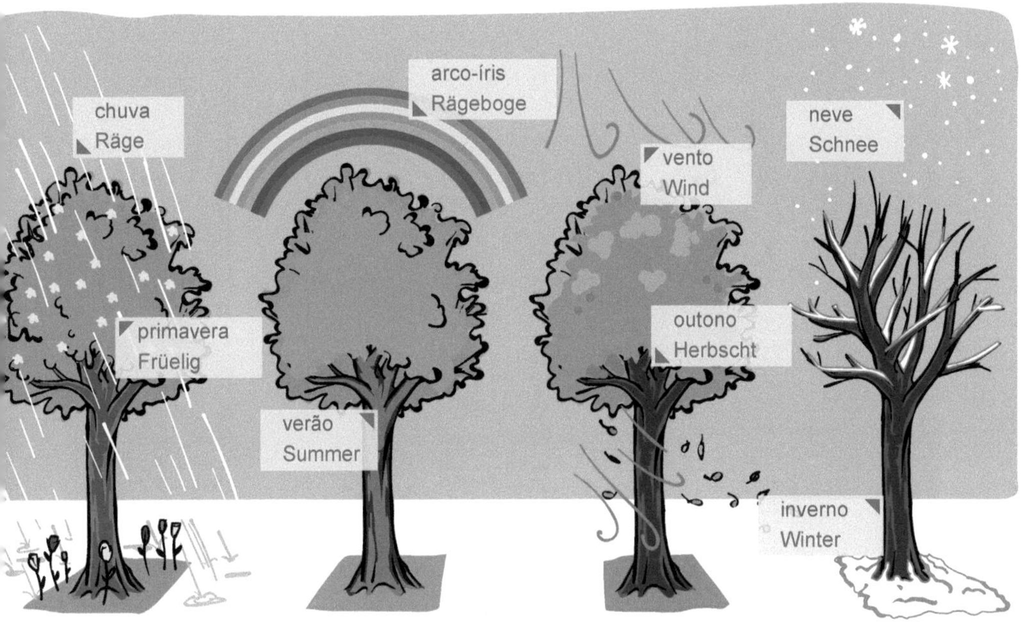

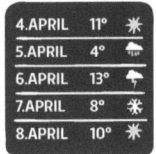

previsão do tempo

Wättervorhärsag

F C
120 90 60 30 0 -30
40 30 20 10 0 -10 -20

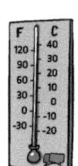

termômetro

Thermometer

raio de sol

Sunneschiin

nuvem

Wolkä

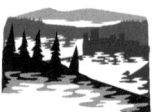

neblina / nevoeiro

Näbel

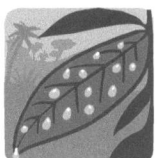

umidade do ar

Fiechtigkeit

relâmpago

Blitz

trovão

Dunner

tempestade

Sturm

granizo

Hagel

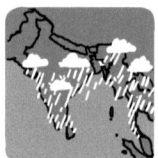

monção

Monsun

inundação

Fluet

gelo

Iis

janeiro

Januar

fevereiro

Februar

março

März

abril

April

maio

Mai

junho

Juni

julho

Juli

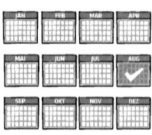

agosto

Auguscht

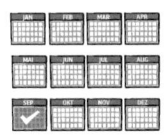

setembro
....
Septämber

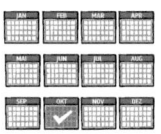

outubro
....
Oktober

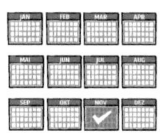

novembro
....
Novämber

dezembro
....
Dezämber

formas
Forme

círculo
....
Kreis

quadrado
....
Quadrat

retângulo
....
Rächteck

triângulo
....
Dreieck

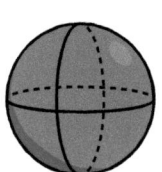

esfera
....
Chugele

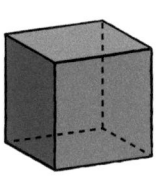

cubo
....
Würfel

branco

wiss

amarelo

gäl

laranja

orange

rosa

pink

vermelho

rot

lilás

liila

azul

blau

verde

grüen

marrom

bruun

cinza

grau

preto

schwarz

muito / pouco

viel / wenig

furioso / tranquilo

hässig / ruhig

lindo / feio

hübsch / hässlich

começo / fim

Ahfang / Ändi

grande / pequeno

gross / chli

claro / escuro

hell / dunkel

irmão / irmã

Brüeder / Schwöschter

limpo / sujo

suuber / dräckig

completo / incompleto

vollständig / unvollständig

dia / noite

Tag / Nacht

morto / vivo

tot / läbig

largo / estreito

breit / schmal

comestível / não comestível

ässbar / nid ässbar

mau / gentil

bös / fründlich

entusiasmado / entediado

uffreggt / glangwilt

gordo / magro

dick / dünn

primeiro / último

zerscht / zletscht

amigo / inimigo

Fründ / Find

cheio / vazio

voll / läär

duro / macio

hart / weich

pesado / leve

schwer / liecht

fome / sede

Hunger / Durscht

doente / saudável

chrank / gsund

ilegal / legal

illegal / legal

inteligente / idiota

intelligänt / gatz

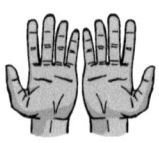

esquerda / direita

links / rächts

perto / longe

nöch / wiit weg

novo / usado
....
neu / bruucht

nada / alguma coisa
....
nüt / öpis

velho / jovem
....
alt / jung

ligado / desligado
....
ah / uss

aberto / fechado
....
offe / zue

baixo / alto
....
lislig / luut

rico / pobre
....
riich / arm

certo / errado
....
richtig / falsch

áspero / liso
....
rau / glatt

triste / feliz
....
truurig / glücklich

curto / longo
....
churz / lang

lento / rápido
....
langsam / schnäll

molhado / seco
....
nass / trochä

ameno / fresco
....
warm / chalt

guerra / paz
....
Chrieg / Friede

números

Zahlä

0

zero

Null

1

um

eis

2

dois

zwei

3

três

drü

4

quatro

vier

5

cinco

foif

6

seis

sächs

7

sete

sibe

8

oito

acht

9

nove

nün

10

dez

zäh

11

onze

elf

12

doze

zwölf

13

treze

drizäh

14

quatorze

vierzäh

15

quinze

füfzäh

16

dezesseis

sächzäh

17

dezessete

siebzäh

18

dezoito

achtzäh

19

dezenove

nünzäh

20

vinte

zwänzg

100

cem

Hundert

1.000

mil

Tuusig

1.000.000

milhão

Million

inglês

Änglisch

inglês americano

Amerikanischs Änglisch

chinês mandarim

Chinesisch Mandarin

hindi

Hindi

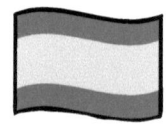

espanhol

Spanisch

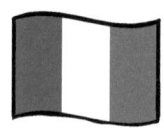

francês

Französisch

árabe

Arabisch

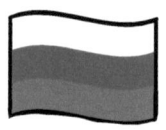

russo

Russisch

português

Portugiesisch

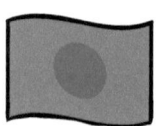

bengalês

Bengalisch

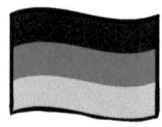

alemão

Dütsch

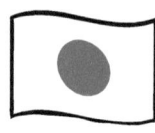

japonês

Japanisch

eu

ich

você

du

ele / ela

är / sie / es

nós

mir

vocês

ihr

eles / elas

sie

quem?

wär?

O quê?

was?

como?

wie?

onde?

wo?

Quando?

wänn?

nome

Name

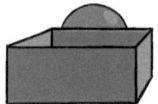

atrás

hinder

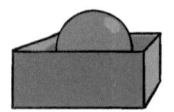

em

in

na frente de

vor

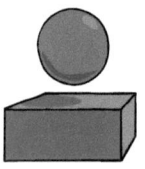

sobre

über

em cima

uf

debaixo

under

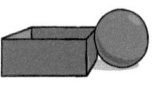

do lado

näbe

entre

zwüsche

lugar

Ort